DORIS GRAF
Herzpoesie

novum pro

www.novumverlag.com

Bibliografische Information der Deutschen Nationalbibliothek:

Die Deutsche Nationalbibliothek verzeichnet diese Publikation in der Deutschen Nationalbibliografie. Detaillierte bibliografische Daten sind im Internet über http://www.d-nb.de abrufbar.

Alle Rechte der Verbreitung, auch durch Film, Funk und Fernsehen, fotomechanische Wiedergabe, Tonträger, elektronische Datenträger und auszugsweisen Nachdruck, sind vorbehalten.

© 2021 novum Verlag

ISBN 978-3-99107-333-8
Lektorat: Mag. Elisabeth Pfurtscheller, T. Schwentenwein
Umschlagabbildung: Doris Graf
Umschlaggestaltung, Layout & Satz: novum Verlag
Innenabbildungen: Doris Graf

Gedruckt in der Europäischen Union auf umweltfreundlichem, chlor- und säurefrei gebleichtem Papier.

www.novumverlag.com

Inhalt

Einleitung 7
Schneefall 9
Fließen, Gleiten, Schweben 11
Das Gleiten der Vögel 13
Liebe 15
Himmel 17
Licht 19
Schein und Sein 21
Der vollkommene Moment 23
Fließen im Fluss des Lebens 25
Violettes Licht 27
Finden und gefunden werden 29
Sanfter Wind 31
Gewitter 33
Wertschätzung 35

Einleitung

Poesie gibt unserem Leben Nahrung. Sie haucht ihm Leben ein. Unser Leben wird farbiger und Poesie gibt uns den Schlüssel in eine andere Welt: Die Welt der Lichter, Farben – und vermittelt uns ein Gefühl der Lebendigkeit. Rhythmus, Leben, Kraft und ein Verbinden mit dem Ewigen.

Schneefall

Leiser Schneefall umspielt die starren, nackten Bäume. Süße Verzückung entspringt dem tänzelnden Schneien, das Himmel und Erde verbindet und uns zum Staunen bringt.

Fließen, Gleiten, Schweben

Wir fließen und gleiten mit unserem Geist, sodass uns das Schweben einholt. Der Geist lässt sich nieder und schwebt im Hauch des Nichts davon. Unser Körper fließt im glänzenden Licht und gleitet ohne nichts. Sanft löst sich alles im Nichts, im Gleiten schwebend dahin.

Das Gleiten der Vögel

Das Schlagen der Flügel leitet das Gleiten des Vogels ein. Keine unnötigen Bewegungen behindern das Fliegen in den Lüften und führen zum Eingebettet-Sein zwischen Himmel und Erde. Kein Gieren nach mehr, steht diesem vollkommenen Moment entgegen.

Liebe

Kind der Freiheit, Mutter der Vergebung und Vater der Kraft. Rosa goldiges Umweben von Düften. Süßes Verschmelzen der Herzen im Tiegel der Liebe. Gleißende, eng umschlingende Körper versprühen das Licht der Liebe. Sich finden, sich hingeben im ewigen Rauschen der Wogen. Im Gleiten von Ebbe und Flut in unendlicher Tiefe. Im Wandel der ewigen Gezeiten Neues entsteht und Altes vergeht. Das Ich zum Du hin werdend im Licht der Liebe. Gegenseitiges Laben am Nektar der Liebe. Wandelnde Kräfte, vereinen der Zweien. Gebären lassen des wunderbaren Einen.

Himmel

Himmelsdüfte klingen, Engelsflügel schwingen, vereint im himmelblauen Licht. Sonnenstrahlen gleiten, erhellen und füllen uns mit Licht. Süßes Verschmelzen, himmlisches Duften im ewigen Sein. Flimmerndes, schwingendes Klingen von Licht.

Licht

Gleitendes, schimmerndes Licht. Flimmernd, samtig scheinend. Oh, du göttlicher Duft! Erwärmend und füllend – bis zur Vollendung uns bringend. Lichteindringend. Strahlendes Funkeln. Einströmend, ausströmend im ewigen Kreis. Vollendend im gleitenden Strom.

Schein und Sein

Wo fängt das Sein an und wo hört der Schein auf? Verbinden und balancieren wir uns in unserer Mitte mit allem Schein im Sein. Durchdringen wir den Schleier der Illusion und fließen ins Sein. Pendeln zwischen Sein und Schein, bis dass das Fließen die Grenzen verwischt. Der Schein wird zum Sein und umgekehrt. Der Spiegel verschwindet und übrig bleibt das ewige Sein im göttlichen Licht.

Der vollkommene Moment

Alles fließt und kommt zusammen im Moment der Vollkommenheit. Das eine kommt zum andern und verbindet die Farben sowie Formen zu dem einen vollkommenen Sein. Frei fließendes Sein, verzückende Sinne verbinden das Überströmende. Die Sinne erheben sich zum Tanze des einen glücklichen Seins. Harmonie schwillt und strömt sich verbindend im kosmischen Rhythmus ein- und ausströmend im Göttlichen. Schwingend und strömend zur göttlichen Musik und zum göttlichen Bild. Nichts tun, sich labend am Nektar des vollkommenen Moments.

Fließen im Fluss des Lebens

Fließen und gleiten im silbrigen Licht. Strahlendes Fließen im ewigen Sein. Ohne Anfang, ohne Ende. Jede Phase des Seins, eintauchen mit der Seele im Fluss. Baden, laben bis hin zur lichten Lebenswabe. Alles strebt zum Licht, unendlich und ewig.

Violettes Licht

Alles strahlt und scheint, violett vermischt mit Morgenröte am Firmament. Oh, du himmlisches Licht und sternenklar mit Sonnenlicht vermischt als Bote des Tageslichts. Die Nacht schwindet und der Tag jubiliert mit goldenem Licht im ewigen Kreislauf des Entstehens von Neuem – und Altes vergeht. Wunder geschehen im ewigen Tanz des Universums. Lass dich durchtränken von Sonnenlicht im unendlichen Werden und immer wieder und ohne Zögern entsteht neues Leben.

Finden und gefunden werden

Spüren, empfinden, sich treiben lassen. Duftende Liebe im endlichen Schein bis hin zum unendlichen Sein. Strömendes Werben, elektrisierendes Geben, verbindende Körper sich immer wieder findend im taumelnden Glück. Tiefgründiges Spüren im ewigen Fließen bis hin zum verbindenden Strom in den ewigen Rhythmen der Gezeiten. Vielfalt des Liebens, auskosten bis hin zum ewigen Weben des Lebens. Duftender, farbiger Teppich der Liebe bis hin zur Ewigkeit ohne Gieren nach einem Rahmen.

Sanfter Wind

Tänzelnde Blätter singen das Lied des Windes. Rauschendes Fließen des Flusses mit glitzerndem Spiegeln des Himmels mit Sonnenlicht. Sanftes Berühren und Wiegen im Windesstoß. Zwitscherndes Singen der Vögel, vermischende Töne im Erklingen des Windeslieds. Sanft im harmonischen Zusammenspiel der Sinne. Der Wind dirigierend im Rhythmus des Windesstoßes. Klingende Lüfte, herrliche Düfte im Sinnesrausch.

Gewitter

Rollende, brummende Geräusche gepaart mit elektrisch geladener Atmosphäre. Wind mit peitschendem Regen prasselt und nährt den Boden. Zusammenspiel der Naturkräfte verwandelt die Welt in archaisches Geschehen. Wild und ungezähmt präsentiert sich die Kulisse zum Aufladen der Körper. Verschmelzen der Kräfte und Körper im urspünglichen Sein. Ruhe und Sturm, Gewitter und Böen im Wechselspiel des Lebensgeschehens. Treiben lassen und Spüren der Kräfte bringt Spannung und Entladung im ewigen Kreislauf des Gebens und Nehmens.

Wertschätzung

Das Finden des Schatzes im Gegenüber und Genießen des Wertes. Bereicherung des Wesens und Vervollkommnung der Seele. Erstrahlen lassen der Seelen und wohltuende Schärfung der Pracht. Veredelung der Diamanten. Funkeln im Licht. Wahrnehmen des Schatzes lässt erstrahlen das göttliche Wesen in seiner vollen Kraft. Gesamtes Wohltuen sich ausbreitend, Verbinden der Seelen der einzigartigen Melodien. Oh Wunder, lasset es geschehen. Mühelos und ohne Erwartung, Auferstehen der göttlichen Wesen.

Die Autorin

Doris Graf ist Master of Advanced Studies in Controlling mit Executive MBA-Abschluss, Chief Digital Officer, ausgebildete Yogalehrerin sowie Diplom-Astrologin. Seit vielen Jahren ist sie in Führungsposition in einem Konzern tätig. Das Schreiben, die Spiritualität und Malerei begleiten sie schon ihr ganzes Leben lang. Das Nebeneinander von materieller Erwerbstätigkeit und die Auseinandersetzung mit geistigen Ebenen erzeugen Synergien bei Doris Graf. Dies bedeutet für sie Verbundensein mit allen Ebenen und gleichzeitig das Weitergeben eines Teils ihres Innersten. Das ist auch in ihrer Lyrik und Malerei erkennbar.

novum ▲ VERLAG FÜR NEUAUTOREN

Der Verlag

„ *Wer aufhört
besser zu werden,
hat aufgehört
gut zu sein!*

Basierend auf diesem Motto ist es dem novum Verlag ein Anliegen neue Manuskripte aufzuspüren, zu veröffentlichen und deren Autoren langfristig zu fördern. Mittlerweile gilt der 1997 gegründete und mehrfach prämierte Verlag als Spezialist für Neuautoren in Deutschland, Österreich und der Schweiz.

Für jedes neue Manuskript wird innerhalb weniger Wochen eine kostenfreie, unverbindliche Lektorats-Prüfung erstellt.

Weitere Informationen zum Verlag und seinen Büchern finden Sie im Internet unter:

www.novumverlag.com